El ingenio y la sabiduría de Mae West

El ingenio y la sabiduría de Mae West

Introducción y selección
de Joseph Weintraub

Traducción de Pau Gros

Plataforma
Editorial

Título original: *The Wit and Wisdom of Mae West,* originalmente publicado en inglés por Perigee Books (The Putnam Publishing Group) en 1980.

Primera edición en esta colección: febrero de 2024

Plataforma Editorial
c/ Muntaner, 269, entlo. 1.ª – 08021 Barcelona
Tel.: (+34) 93 494 79 99
www.plataformaeditorial.com
info@plataformaeditorial.com

Depósito legal: B 1363-2024
ISBN: 978-84-10079-22-9
IBIC: BGF

Printed in Spain – Impreso en España

Diseño de cubierta:
Sara Miguelena

Realización de cubierta:
Grafime S. L.

Fotocomposición:
gama, sl

El papel que se ha utilizado para imprimir este libro proviene de explotaciones forestales controladas, donde se respetan los valores ecológicos, sociales y el desarrollo sostenible del bosque.

Impresión:
QP Print

Para Helen

Índice

No hubo hombre capaz de resistirse a ella. Tampoco de superar su ingenio.

Ya es hora de que el Congreso tome medidas contra Mae West.

WILLIAM RANDOLPH HEARST

Charlie Chaplin y Mae West son los únicos que osan atacar de manera directa con sus burlas la frágil moral y las buenas costumbres de esta triste sociedad.

HUGH WALPOLE

Durante la Gran Depresión, las películas *Lady Lou* y *No soy ningún ángel*, de Mae West, supusieron un récord de taquilla, tanto en los Estados Unidos como en el resto del mundo. *Lady Lou* merece ser reconocida como la película que salvó de la ruina a los estudios Paramount en una época en que sus directivos se planteaban seriamente ser adquiridos por MGM y las más de mil setecientas salas de cine de la Paramount estaban a punto de cerrar sus puertas y convertirse en edificios de oficinas.

WILLIAM LEBARON

Introducción

Mae West, la vampira del *camp* alto, ya contaba con el estatus de leyenda antes de su llegada a Hollywood en 1932. Tuvo un destacado papel en los locos años veinte, sacó a los estudios Paramount de los números rojos durante la fuerte crisis de los años treinta, logró desquiciar a los censores y volvió loco a su público.

Si los censores creían que la vigilancia constante era el precio que pagar por la decencia, no supieron darse cuenta de que Mae West era capaz de encontrar frases con doble sentido incluso en una canción infantil. Tal como afirmó en una ocasión, «no es lo que hago, sino cómo lo hago. No es lo que digo, sino cómo lo digo. Y, más aún, qué aspecto tengo cuando lo hago o lo digo». Y de esta forma West puso las cartas sobre la mesa y sus posaderas en la butaca mientras ronroneaba: «Sube alguna vez a verme».

Escandalosa, dura, vital y llena de magnetismo, Mae West tiene un encanto universal, con un exterior metalizado y un interior tan brillante como impoluto.

JOSEPH WEINTRAUB

The Ballad of Mae West's Bust
La balada del trasero de Mae West*

My eyes have seen upon life's screen
The wreck of countless dreams,
Where I'd turn 'tis but to learn
That naughty as it seems,
And 'neath the sun I've found but one
Tradition I can trust:
One thing that's sure and does endure
Is Mae West's bust.

My many years are wet with tears
As down my checkered way
All I held true went up the flue
And perished day by day;
I've viewed with grief each pet belief
Go crumbling into dust
Till quite bereft there's nothing left
But Mae West's bust.

A lo largo de mi vida he visto
mil historias de sueños rotos,
y, si algo he aprendido,
es que, por triste que nos suene a todos,
solo hay en este mundo
una tradición que se mantenga:
lo único que tengo por certero
es Mae West y su trasero.

Tantos años bañados en lágrimas
por más de un motivo escabroso,
aquello en lo que creía
se escapó por mis ventanas;
observo con tristeza y desazón
todas mis creencias desvanecerse,
hasta que solo queda como certero
Mae West y su trasero.

* Nota del traductor: Se ha optado por una traducción libre del poema a favor de la rima y el mantenimiento del tono humorístico.

Nor friends nor famine remain the same
And life's a hollow shell,
I'm betting the odds there are no Gods,
Nor Paradise nor Hell;
No lucid laws, no Santa Claus;
Injustice rules the just;
In all life's range all models change
But Mae West's bust.

No quedan amigos, ni compañeros,
y mis días se acercan al averno,
apostaría a que no existen dioses,
ni el paraíso ni el infiero;
no existen leyes divinas ni Santa Claus,
todo cambia en esta vida.
Pero, si algo sigue siendo certero,
es Mae West y su trasero.

Anónimo

Mae West y el teatro

El teatro

En referencia a los teatros de verano:

> «Ya sea verano o invierno, parece que les gusta lo que hago».

Tras una de sus funciones, avisaron a Mae West de que diez hombres la esperaban en su casa para conocerla, a lo que ella respondió:

> «Hoy estoy cansada, que manden a uno de ellos de vuelta».

DEBES DE ESTAR BIEN CANSADA, ¿NO?
«Bien nunca, solo cansada».

Acerca de *Diamond Lil*

«*Diamond Lil* me pertenece, y yo pertenezco a ella. Somos la misma cosa y, lo afirmo con modestia, considero que se trata de todo un clásico. Es como *Hamlet*, pero más graciosa».

«La gente asume que soy mala por el hecho de que se me da muy bien representar a personajes malos. Pero se olvidan de mi inteligencia, y del amor que siento por mi arte... Es en momentos como el actual, en que se habla a menudo del "matrimonio por amor", cuando más necesario es alguien como Diamond Lil. No creo en el matrimonio por amor, lo considero una mera forma de prostitución por contrato. El matrimonio, el amor y el hogar deberían ser sagrados... Creo en la misma vara de medir tanto para hombres como para mujeres».

«Si por algo se ha caracterizado mi larga y variopinta carrera artística es por haber sido siempre una incomprendida».

«Sube alguna vez a verme».

Mae West en el papel de Diamond Lil (1928)

Catherine Was Great

La obra *Catherine Was Great* se estrenó ante un grupo de críticos hostiles. Mae West comentó:

«Al leer las críticas de la obra, alguien podría pensar que los atracamos a mano armada. ¡Y pensar que eliminé las mejores frases porque estrenábamos en Cuaresma!».

El famoso discurso de Mae West tras la última función de *Catherine Was Great*:

«Me alegra que os haya gustado mi Catherine. A mí Catherine me parece una mujer admirable. Llegó a gobernar a más de treinta millones de personas y a tener más de tres mil amantes. Yo he hecho lo que he podido con solo dos horas de función».

Mae West en el papel de Catherine

Cuando Catherine conoce a Iván IV, el hombre que nunca antes había visto a una mujer, ella hace la siguiente reflexión:

«¡Qué gran tragedia para un hombre, y qué gran oportunidad para una mujer!».

Cuando le preguntan acerca de la rebelión, Catherine responde:

«¿Para qué crees que tengo un ejército? Mejor no respondas».

Cuando el mariscal de campo Potemkin le lleva noticias de la guerra con los turcos, ella le dice:

«Ven a verme a la *suite* real esta noche y hablaremos de Turquía».

POTEMKIN (*mientras abraza a Catherine*): Estoy a tus órdenes.
CATHERINE: Te ordeno que pases al ataque.

CATHERINE: Rusia necesita a sus hombres. De hecho, yo necesito a mis hombres.

Mae West llega a Hollywood

Hollywood

En 1932, acabada de llegar a Hollywood, Mae West declara lo siguiente:

> «No soy una chica de pueblo dispuesta a triunfar en la gran ciudad. Soy una mujer de una gran ciudad dispuesta a triunfar en un pequeño pueblo».

Los seguidores y los detractores de Mae West siempre han puesto énfasis en cómo de fundamental fue la actriz en el movimiento de reforma y censura. Aunque su papel en el movimiento se haya exagerado ligeramente, lo cierto es que West fue siempre la primera en defender esta teoría. En referencia a la censura, afirmó una vez:

«No es fácil ser graciosa siendo educada».

«La virtud tiene sus recompensas, pero no mejora los números de taquilla».

«¿Por qué tendría que hacer de buena cuando las salas se llenan cuando hago de mala?»

«Mi consejo a las jóvenes que piensan que para ser una estrella deben aparecer desnudas es: querida, cuando lo enseñas todo, ya es imposible ser misteriosa... No lo enseñéis todo. Haced que tanto hombres como mujeres fantaseen; los hombres, sobre aquello que no pueden tener, y las mujeres, sobre aquello que saben que no tienen».

«Me gusta hacer papeles de señorita que siempre pide más de lo que espera recibir, y acaba recibiendo más de lo que esperaba».

Durante la crisis cinematográfica del 1938, Mae West afirmó:

«La única película que recientemente ha hecho buena taquilla es *Blancanieves y los siete enanitos*, y estoy segura de que hubiera hecho el doble de taquilla si me hubiesen dejado interpretar a Blancanieves».

Mae West y George Raft en Noche tras noche *(1932)*

Noche tras noche

Mae West en el papel de Maudie Triplett

Mae West pidió que se reescribieran sus diálogos de la que fue su primera película, *Noche tras noche*. La frase siguiente debía ser el título de su autobiografía:

> MUJER GUARDARROPA: Por el amor de Dios, ¡qué diamantes tan bonitos!
>
> MAUDIE TRIPLETT: Querida, el amor no tiene nada que ver con ellos.

Mae West en la película Lady Lou *(1933)*

Mae West con Cary Grant en Lady Lou *(1933)*

Lady Lou

Mae West en el papel de Lou

¿ALGUNA VEZ HAS CONOCIDO A UN HOMBRE QUE TE HICIERA FELIZ?
LOU: Sí, varias veces.

«No busco hombre por el oro..., ¡yo soy más de diamantes! Nunca se sabe cuándo puede desplomarse el valor del oro».

«Hacen falta dos personas para que una de ellas se meta en problemas».

No soy ningún ángel

Mae West en el papel de Tira

«Yo misma escribí esa historia. Trata de una chica que acaba con mala reputación, pero que nunca la perdió».

Cuando le preguntaron sobre qué tipo de personaje interpreta en la película, respondió:

> «Es el tipo de chica que llega a la cima del éxito yendo de error en error».

Ante la evidente falta de estrellas en el estreno de *No soy ningún ángel*:

> «Seguramente porque se han dado cuenta de que ver esta película representa hacer deberes».

Cuando *No soy ningún ángel* se estrenó en el Grauman's Chinese Theater, en Hollywood Boulevard, West declaró:

> «Me gusta estar aquí, es el único sitio donde te toman las huellas y no es una comisaría de policía».

En una escena del guion en la que debía poner cara de aburrida, West miró a la actriz que hacía de sirvienta e improvisó la siguiente frase:

> «Pélame una uva, Beulah».

ASTRÓLOGO: Veo nuevas oportunidades en tu camino.

TIRA: ¿Por casualidad no serán oportunidades para sentarme o tumbarme?

Mae West en No soy ningún ángel *(1933)*

«He sido muchas cosas y he visto muchos sitios».

KENT TAYLOR: ¿Cuándo volveré a verte? ¿Para el desayuno, el almuerzo o la cena?
TIRA: La verdad es que siempre desayuno en la cama, así que eso ya queda descartado.

«Una figura con curvas siempre ofrece infinidad de ángulos interesantes».

«Una buena figura suma mucho valor».

GERTRUDE MICHAEL: No tienes ni una gota de decencia en tu interior.
TIRA: Yo nunca muestro mis cualidades a desconocidos.

«No soy ningún ángel, pero he abierto mis alas más de una vez».

Mae West en No es pecado *(1934)*

No es pecado

Mae West en el papel de Ruby Carter

«Un hombre en casa vale lo mismo que dos en la calle».

«Más vale que se fijen en ti a que te ignoren».

Acerca de lo inútil que era el villano, West afirmó:

> «Su madre tendría que haberse deshecho de él y haberse quedado con la cigüeña».

«No hay chicas buenas que pasen a ser malas; solo hay chicas malas que son descubiertas».

«Mantén la calma y cobra lo que se te debe».

Ahora soy una señora

Mae West en el papel de Cleo Borden

CLEO: Durante mucho tiempo me avergoncé de mi forma de vivir.
¿AHORA VIVES DE OTRA FORMA?
CLEO: No, ahora ya no me avergüenzo.

¿DÓNDE ESTÁ EL INCENDIO?
CLEO: En tu mirada, cielo.

LLEVO UN TIEMPO SIN DEJAR DE PENSAR EN TI.
CLEO: Debes de estar agotado.

¿ACASO ME TIENES MIEDO PORQUE DICEN QUE SOY MALO?
CLEO: Soy una buena mujer para un hombre malo.

«Soy una mujer de pocas palabras, pero de muchos actos».

NO SABÍA QUE HABLASES ESPAÑOL.
CLEO: ¿Acaso te crees que trabajé en Tijuana para nada?

Hablando de Dalila:

> «Siento un gran respeto por esa mujer. Alcanzó el éxito cortando barbas».

Mae West en la comedia musical Ahora soy una señora *(1935)*

SOY LA COLUMNA VERTEBRAL DE MI FAMILIA.
CLEO: Entonces tu familia debería ir al quiropráctico.

¿TE CONSIDERAS BUENA JUEZA ECUESTRE?
CLEO: No sabría decírtelo, nunca he probado la carne de caballo.

EN LO QUE RESPECTA A TI, SOY COMO DINAMITA.
CLEO: Y yo la mecha.

La hermana Annie

Mae West en el papel de Frisco Doll

«Entre dos males, siempre elijo el que no haya probado antes».

RECONOZCO A UNA DAMA CUANDO LA TENGO DELANTE.
FRISCO DOLL: Ah, ¿sí? ¿Y qué le dices?

«La fiebre del oro es lo que ocurre cuando un grupo de chicas coristas ve entre el público a un hombre con un fajo de billetes».

Mae West junto al director Raoul Walsh en el rodaje de La hermana Annie *(1936)*

«Las mujeres son tan jóvenes como jóvenes se sientan. Los hombres son viejos cuando dejan de tener sentimientos».

«Echa una mano a un hombre y tratará de manosearte entera con ella».

«Muchas chicas siguen la línea de menos resistencia..., aunque lo cierto es que cuesta resistirse a una buena línea».

«Hay hombres que valen la pena cuando están en su sitio. Es una pena que les cueste tanto saber cuál es su sitio».

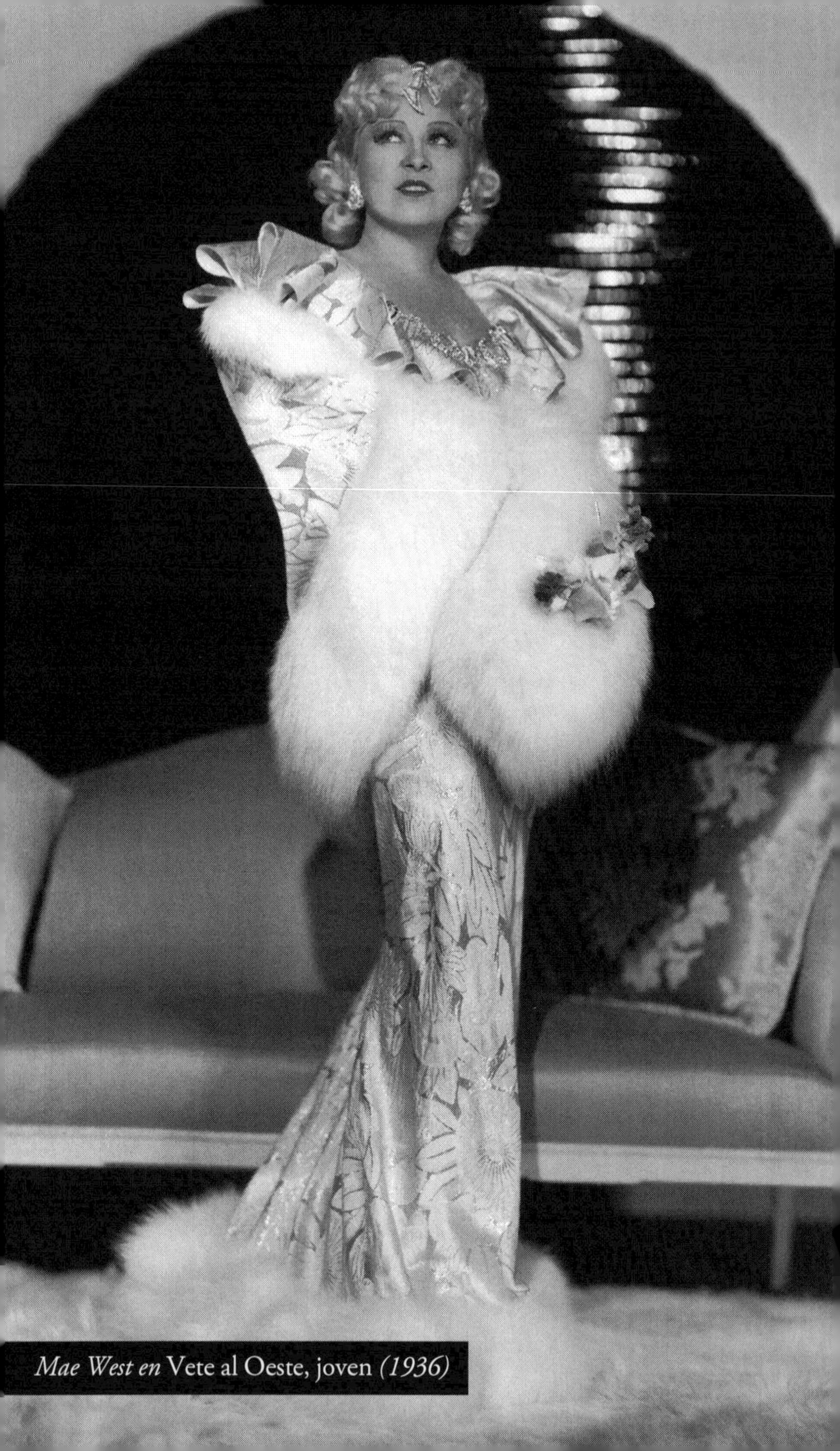

Mae West en Vete al Oeste, joven *(1936)*

Vete al Oeste, joven

Mae West en el papel de Mavis Arden

«Un poco de emoción al día te salva del aburrimiento».

Mae West con Lloyd Nolan y Edmund Lowe en Todos los días son fiesta *(1938), última película que rodó con Paramount*

Todos los días son fiesta

Mae West en el papel de Peaches O'Day

Dos frases con doble sentido que los censores eliminaron del guion:

«No me levantaría el velo por ese hombre».

«No dejaría que me tocase ni con un palo de veinticinco centímetros».

«Siempre digo lo mismo: si cada día escribes en tu diario, llegará el día en que el diario te salve la vida».

«No es ningún pecado saltarse alguna regla de vez en cuando, lo importante es no romper ninguna».

«Ese hombre lleva una vida tan torcida que usa el sacacorchos como regla».

ERES EL TIPO DE MUJER QUE UNO DEBE TRATAR CON GUANTES DE SEDA.

PEACHES: ¡Exacto! Guantes de seda, abrigo de piel, ropa nueva y un par de collares de diamantes, a ser posible.

Mae West en una fotografía promocional de 1936

Foto de promoción de Mi pequeño gorrión *(1940) con Joseph Calleia*

Mi pequeño gorrión

Mae West en el papel de Flower Belle Lee

Durante una entrevista en que el periodista le pregunta sobre la posibilidad de hacer un wéstern con W. C. Fields, West responde:

> «Fields es un gran actor. Mi única reticencia acerca de él tiene forma de botella».

«Suelo evitar las tentaciones, excepto cuando no puedo resistirme a ellas».

«Todos los hombres que conozco quieren protegerme. Lo que no sé es de qué».

«El beso de un hombre es su firma».

Me pregunto qué tipo de mujer es usted.
Flower Belle: Pues lo siento, pero no doy muestras gratis.

«Estaba entre la espada y la pared, pero logré escapar moviendo las caderas».

Mae West en Mi pequeño gorrión *(1940)*

JUEZ: No estará usted tratando de faltar al respeto al tribunal, ¿verdad?
FLOWER BELLE: Al contrario, estoy tratando de disimularlo.

«Veo que es usted un hombre de convicciones. Más vale que me aleje antes de hacer que usted las pierda».

Definición de resta:

> «Si un hombre tiene cien dólares y le dejas con solo dos dólares, más que resta es un caso de sustracción».

«Aprendí hace tiempo que dos más dos son cuatro, pero que la apuesta más alta está para quien sabe jugársela».

¿PODRÁS SOPORTARLO?
FLOWER BELLE: Claro, incluso podré pasármelo bien mientras lo hago.

¿ACASO TE HAS OLVIDADO DE QUE ESTÁS CASADA?
FLOWER BELLE: Hago lo posible para no recordarlo.

LA PRIMAVERA ES LA ESTACIÓN DEL AMOR.
FLOWER BELLE: ¿Y qué problema hay con el resto del año?

«Siempre que no tengas nada que hacer, y mucho tiempo para hacerlo, ven a verme».

Mae West en la película musical Sinfonías dislocadas *(1943) producida por Columbia Pictures*

Sinfonías dislocadas

Mae West en el papel de Fay Lawrence

«De haber acompañado a George Washington, le habría hecho cruzar el río Delaware dos veces».

El ingenio y la sabiduría de Mae West

Mae West, frases misceláneas

«El sexo y yo tenemos muchas cosas en común. No me otorgaré el mérito de haberlo inventado, pero sí que me atrevo a decir que, aunque sea de forma modesta y por decirlo de alguna forma, he sido quien lo ha redescubierto».

«No tengo favoritos. Cada hombre tiene lo suyo. Puede ser bajito, patoso y con calvicie incipiente, pero, si tiene *fuego* dentro, las mujeres se sentirán atraídas por él».

«No es lo que hago, sino cómo lo hago. No es lo que digo, sino cómo lo digo. Y, más aún, qué aspecto tengo cuando lo hago o lo digo».

«Son muchos los hombres que conquistan a una chica para acabar tropezándose al primer paso».

«Los hombres admiran la devoción en sus esposas, y la belleza en otras mujeres».

«Un hombre enamorado es como un cupón de descuento, más vale canjearlo antes de que caduque».

«Todos los hombres son iguales. Excepto el que acabas de conocer; él siempre es diferente».

«Cuando un hombre empieza a poner excusas, suele tener una buena razón para ello. Y esa razón suele tener una melena rubia o caoba».

«Todos los amantes pasados merecen una segunda oportunidad; pero no contigo, sino con alguien más».

«Cuando un hombre alardea de su árbol genealógico, empiezo a notar un fuerte hedor a savia».

«No me interesa el resultado, solo el partido».

«Los hombres son mi pasatiempo preferido, así que, cuando me case, tendré que buscar una afición nueva».

«No existe hombre que no me guste».

«Los hombres son mis personas preferidas. Una vez me preguntaron a qué diez hombres invitaría a mi habitación. Y yo pensé: "¿Por qué solo diez?, ¿por qué no cien, o mil?"».

«No son los hombres de mi vida lo que cuenta, sino la vida que tienen dentro».

«No te fijes con quién ando, sino con quién no ando».

Mae West en Ahora soy una señora *(1935)*

«¿Llevas una pistola en el bolsillo o es que te alegras de verme?»

«Soy rubia y tengo buenos pechos. Créeme, soy el tipo de mujer que buscan los hombres».

«Puede que los señores las prefieran rubias, pero ¿quién dice que las rubias prefieran a los señores?»

«No soy una mujer modelo. Los modelos no son más que una copia de la realidad».

«Todo el mundo debería tener derecho a manejar su vida amorosa, incluso si estás a punto de estrellarte. Lo que no me gusta es ir a ciegas».

«Las mujeres que juegan con fuego deben tener presente que el humo irrita los ojos».

«Las mujeres "con un pasado" atraen a los hombres porque estos tienen la esperanza de que la historia se repita».

«Cásate rápido y que el divorcio te pille en Reno».

«A mí no me conceden medallas al mérito, sino diamantes».

«Los hombres reciben mil oportunidades, las mujeres tienen suficiente con recibir un anillo».

«Quiero a todos mis diamantes por igual».

«No soy mucho de dietas. No entiendo qué vitaminas lleva una hortaliza, pero sé cuántos quilates tiene el oro de mi anillo».

«Es fácil hacerme feliz, siempre que el precio sea desorbitado».

«Cada centavo ahorrado es una chica no conquistada».

«Nunca juzgues a un hombre por las manchas de su abrigo, puede que esconda un corazón enorme o un enorme fajo de billetes».

«Los beneficios de un pecado están libres de impuestos».

ꕥ

«Hoy día, si un hombre abre la puerta a una mujer, se debe seguramente a que es el portero del edificio».

ꕥ

«La mejor manera de comportarse como una señorita es imitar a otras señoritas».

ꕥ

«¿Yo, con pantalones? ¡Yo! ¿Por qué lo haría, pudiendo cubrir mi cuerpo con suaves vestidos de seda?»

ꕥ

«Que los hombres sepan lo que les espera, y que las mujeres consigan lo que esperan».

Mae West en Nueva York en la premier de la polémica y provocadora película Myra Breckinridge *(1970)*

«A la mayoría de los hombres les gustan las mujeres con aspecto de mujer. Para eso, llévate un puñado de mondadientes de un restaurante, que son gratis».

«Dios regaló curvas a las mujeres, y los modistos afeminados las castigaron con vestidos que solo quedarían bien a un espantapájaros... Creo que una mujer puede ser esbelta y tener curvas al mismo tiempo».

«Puede que la belleza esté en el exterior, pero recuerda que es lo que tenemos dentro lo que nos hace bonitas. Si quieres estar bella, ten una vida saludable».

«Si eres de cuerpo delgado, angulado, recto y tieso, irás en deportivo descapotable. Pero, si tienes curvas, eres delicada, elegante y con clase, irás en limusina».

Sobre cumplir los setenta años, afirmó:

> «Nunca me he planteado hacer de otra cosa que no sea de mujer atractiva, porque el atractivo no tiene edad».

«Las curvas son más poderosas que la espada».

«No fui yo quien descubrió las curvas. Solo las puse a la vista de todos».

«Soy majestuosa, y eso no es algo que se aprenda en la escuela, cariño, sino de la manera en que veo el mundo».

«Una chica de buen ingenio es mejor que otra de buena figura».

«Cuando soy buena, soy muy buena; pero, cuando soy mala, soy mejor».

¿SABES CÓMO ACABAN LAS CHICAS MALAS?
Sí..., ¡ricas!

«Me gusta que un hombre sea bueno, pero sin ser bueno en exceso. Los buenos mueren jóvenes, y, si hay algo que odio, es un hombre muerto».

«Lo poco me gusta, lo mucho me encanta».

«Me gustaría que una mujer fuera elegida presidenta. Las mujeres llevamos controlando a los hombres durante siglos, así que controlar un país debería ser pan comido».

«Algunas mujeres llevan a los hombres al altar, y otras al desollador».

«Cuando son jóvenes, los hombres generan interés, pero, pasados los años, ni siquiera lo muestran».

«Una mujer puede soltarse el pelo hasta donde el hombre llegue de pie».

«Antes era Blancanieves...
... hasta que perdí el rumbo».

«Cuando una mujer va por el mal camino, los hombres la persiguen como perros».

«Las mujeres buenas son aburridas..., la única mujer buena que pasó a la historia fue Betsy Ross, y lo único que hizo fue coser una bandera».

«Cuanto más difícil lo pone una mujer, más fácil le resulta conseguir a cualquier hombre».

«Una mujer enamorada nunca es sensata; porque, si es sensata, es que no está enamorada de verdad».

Cuando le preguntaron si prefería los compromisos cortos o largos, Mae West respondió:

> «Que cada uno haga lo que le parezca, pero el amor no es algo que ahorres y genere intereses».

«El amor no es un sentimiento ni tampoco un instinto. El amor es un arte».

«El amor es el único sector en el que se trabaja de lunes a domingo».

«Las mujeres esperan ciertas cosas de un matrimonio: su nombre en la escritura de propiedad y un asiento en primera fila para el espectáculo del lujo».

«Es fácil conseguir a un hombre, pero difícil conservarlo. Hoy en día hace falta ser un tipo de mujer especial para conservar a su hombre en lugar de salir a conquistar uno nuevo... Casi todas las mujeres son capaces de encandilar a un hombre al que admiran, pero ¿pueden evitar que se escape? Es muy sencillo casarse, pero muy complicado hacer que dure».

ꟹ

En referencia a su fractura de tobillo:

> «Corren rumores de que me lo he roto al tropezar con una montaña de hombres».

ꟹ

«Es la primera vez que tengo una escena de dormitorio que no me apetece. El médico me ha recomendado reposo en cama durante unos días. Y, por si fuera poco, ha colgado un cartel de PROHIBIDO VISITAS en la puerta».

ꟹ

«Dicen que tengo un poco de fiebre, pero los que me conocen saben que siempre tengo la piel ardiendo».

Tras conocer al fundador del Movimiento de Rearme Moral, Mae West declaró:

«¿Han tenido oportunidad de conocer al señor W. C. Fields? Porque deberían. El rearme moral es justo lo que necesita ese hombre. Si la moral viniese embotellada, se la bebería de un solo trago».

Cuando se incluyó en el diccionario el término *Mae West* (referido a un salvavidas hinchable que usaban los aviadores estadounidenses durante la Segunda Guerra Mundial), West afirmó:

«Me incluyeron en la serie de libros *Quién es quién*, y nunca se me acaban las palabras, pero debo reconocer que es la primera vez que dejo huella en el diccionario».

«Una chica con curvas de infarto siempre sale viva de cualquier percance».

«Ponte guapa para besar a un hombre, pero intenta no arruinar la situación por exceso de pintalabios».

La canción *If Those Hips Could Only Speak* (que podría traducirse como «Si esas caderas hablaran») iba dedicada a Mae West. Cuando se enteró de que le habían dedicado una canción afirmó:

> «¿Qué es eso de "si mis caderas hablaran"? Las mías siempre están abiertas a una buena conversación».

«La vida es como un tiovivo, no tengas miedo a montarte y salir mareada en brazos de un hombre».

«La primera vez que conozcas a una mujer quedarás prendado de sus curvas, pero en la siguiente harás lo posible para verlas desde otro ángulo».

Sobre el amor y el sexo:

«Me gusta disfrutarlo al aire libre y reírme a carcajadas».

«El sexo es como una pequeña tienda; hay que protegerla, vigilarla y tener claro a qué hora abre».

«La mejor manera de evitar que un hombre huya es tenerlo entre tus brazos».

«La inteligencia es un punto a favor de cualquier mujer enamorada, siempre que sepa esconderla bien».

«Ve siempre radiante. ¿Quién dijo que el amor es ciego?»

«Pagar a un hombre para que baile contigo o te entretenga es como contratar a alguien para que tome un baño por ti».

«Un miligramo de actitud equivale a un kilo de promesas».

«Chicas, dadles a vuestras amistades masculinas una oportunidad, aunque para ello su valor baje».

«Cultivad vuestras curvas. Puede que sean peligrosas, pero también serán inevitables».

«Ama a tu vecino, y, si resulta que es alto, apuesto y devastador, será mucho más fácil».

«Si vas a pisar algo, que sea con la pedicura hecha».

«Dejad que un desconocido os bese la mano, pero aseguraos antes de que es el hombre perfecto».

«La mejor manera de comportarse es comportándose mal».

ঌ

«Quien duda acaba último».

ঌ

En una ocasión, Mae West recibió una carta de alguien que quería bautizar una mina de oro con su nombre, a lo cual ella respondió:

> «Que alguien le avise de que eso sería un craso error. Yo soy más de llevarme el oro, no de fabricarlo».

ঌ

«Estoy soltera porque nací soltera».

ঌ

«La mujer que evita los enredos no acaba maniatada».

«El matrimonio es una gran institución, todas las familias deberían tener uno».

«Me gustan los hombres que se toman su tiempo».

«El rostro de un hombre dice más a los cuarenta que a los veinte, y eso se debe a que por entonces ya ha sufrido bastante».

Lo prohibido según Mae West

«Prohibido creer que el trabajo puede reemplazar el amor; el Edén es mucho más divertido que una máquina de escribir».

«Prohibido arrastrarse por el amor de un hombre, porque él prefiere sudar la gota gorda».

«Prohibido llorar porque un hombre te ha abandonado. El siguiente se enamorará por tu sonrisa».

«Prohibido sacrificarse demasiado por un hombre, recuerda que él nunca disfrutó tanto como cuando tuvo que prescindir de una de sus costillas».

«Prohibido casarse con un hombre para corregir sus defectos, porque para eso están los correccionales juveniles».

«Prohibido dejar en vilo a un hombre, porque correrá a buscar respuestas en otro lado».

«Prohibido cometer dos veces el mismo error, a menos que salgas ganando».

El canal CBS-TV canceló la emisión de una entrevista a Mae West en el programa *Person to Person* porque algunos fragmentos «podían ser malinterpretados». El entrevistador, Charles Collingwood, hizo un comentario acerca de todos los espejos del lujoso dormitorio de Mae West. Ella le respondió:

> «Son para verme mejor. Siempre me ha gustado ver cómo lo hago».

Tratando de cambiar de tema, Collingwood propuso hablar de relaciones internacionales, a lo que ella le contestó:

> «Las relaciones internacionales son uno de mis puntos débiles».

Cuando West fue invitada al programa *The Red Skelton Show*, Red Skelton le preguntó:

«¿Cómo va la cosa, señorita West?»

A lo que West respondió:

«¿Cómo va qué cosa?»

Foto de promoción de Mi pequeño gorrión *(1940) con W. C. Fields*

Cuando hizo un cameo en la serie televisiva *Mister Ed, The Talking Horse*, el personaje de Connie Hines se dirige a Mae West para decirle:

«Señorita West, he oído tanto sobre usted...».

A lo que Mae West respondió:

«Lo imagino, querida, pero no tiene pruebas para demostrarlo».

Mae West en la cuarta temporada de Mister Ed, *en 1964*

Un admirador escribió a Mae West una carta en la que le preguntaba si era cierto que ella no bebía ni fumaba. Ella respondió diciendo:

> «Sí, es cierto. Pero no me molesta en absoluto la gente que fuma y bebe. Al fin y al cabo, no podemos estar todos haciendo el amor a la vez».

¿PREFIERE LA MODA CLÁSICA O LA MODERNA? Podrá criticar tanto como quiera los vestidos largos, pero lo cierto es que sirven para ocultar tantos defectos como pecados.

«Una mujer nunca debe preguntarle a un hombre de dónde viene. Si no estaba haciendo nada malo, no tiene por qué tener coartada. Y, si resulta que sí que estaba haciendo algo malo, la culpa es tuya».

«Mi secreto es una mentalidad optimista y una mente sobria».

Ante la pregunta de un entrevistador acerca de si, en el caso de que tuviera hijos, les contaría todo lo que hay que saber de la vida adulta, Mae West respondió:

> «Les contaría lo justo y necesario. El resto tendrían que descubrirlo ellos solitos. La verdad es que lo de descubrirlo también tiene su parte buena».

¿QUÉ TIPO DE HOMBRE LE GUSTA MÁS?
A mí me gustan dos tipos de hombres: los estadounidenses y los del resto del mundo.

«Déjate un novio en la retaguardia por si las cosas se ponen feas. Y a otro más en caso de que las cosas se pongan divertidas».

«He estado demasiado ocupada para el amor, pero me gustan todos los hombres».

Agradecimientos

Muchas gracias a: Dion McGregor, The Memory Shop, Carlos Clarens, Lou Valentino, Jerry Vermilye, Museo de Arte Moderno de Nueva York, Paramount Pictures, Universal Pictures, Columbia Pictures y Prentice-Hall Inc., editorial que publicó *Goodness Had Nothing To Do With It*, de Mae West, ©1959.

Su opinión es importante.
En futuras ediciones, estaremos encantados
de recoger sus comentarios sobre este libro.

Por favor, háganoslos llegar a través de nuestra web:

www.plataformaeditorial.com

Para adquirir nuestros títulos,
consulte con su librero habitual.

«I cannot live without books».
«No puedo vivir sin libros».
THOMAS JEFFERSON

Desde 2013, Plataforma Editorial planta un árbol
por cada título publicado.

Este libro recoge los momentos más elocuentes, agudos y brillantes del gran estadista. Esta obra constituye una celebración del humor y la humanidad de un hombre imponente.